Lo que sientes al tocar

Allan Fowler

**Fotografías proporcionadas por Fotos VALAN
Versión en español de: Aída E. Marcuse**

Asesores:
Dr. Robert L. Hillerich, Universidad
Estatal de Bowling Green, Ohio

Mary Nalbandian, Directora de Ciencias,
Escuelas Públicas de Chicago, Illinois

Fay Robinson, Especialista en Desarrollo Infantil

ℂℙ CHILDRENS PRESS®
CHICAGO

Diseño de tapa y diagramación de los libros de esta serie:
Sara Shelton

Catalogado en la Biblioteca del Congreso bajo:

Fowler, Allan.
    Lo que sientes al tocar/Allan Fowler.
      p. cm.—(Mis primeros libros de ciencia)
    Resumen: Trata del sentido del tacto, y muestra cómo
funciona para permitirnos saber más acerca del mundo
que nos rodea.
    ISBN 0-516-34908-2
    1. Tacto–Literatura juvenil. [1. Tacto. 2. Sentidos y sensaciones.]
I. Título. II. Series.
  QP451.F69 1991   90-22526
152.1'82–dc20   CIP
                                               AC

¡Ahhhh! ¡Qué suave y tibia es la piel de un gatito cuando lo acaricias!

¡Ay! ¡Te golpeaste la punta del pie y te duele mucho!

¿Quién te dice que la piel del gatito es suave? ¿Cómo sabes que el pie te duele cuando tropiezas con algo?

Te lo dice el sentido del tacto.

Además del tacto, tienes
cuatro sentidos más:

ves con los ojos,

oyes con tus oídos,

hueles con la nariz,

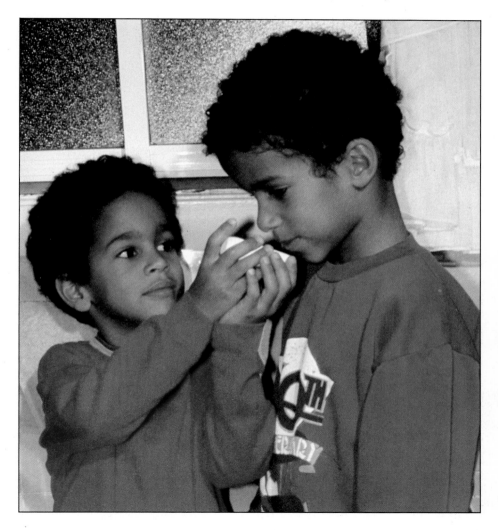

y sientes el gusto de las cosas con la lengua.

Pero el sentido del tacto es diferente, porque te permite sentir las cosas con cada parte de cuerpo, de la cabeza a los pies.

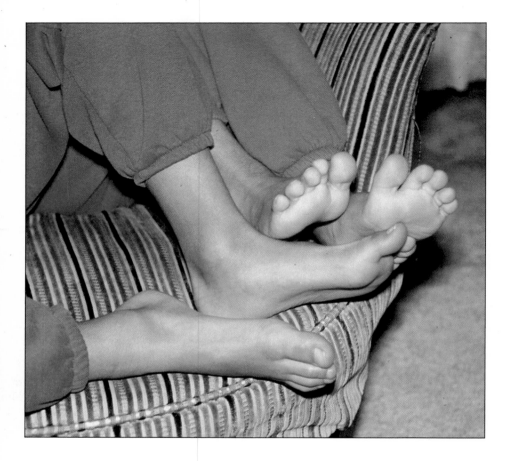

¿Tienes cosquillas en la
planta de los pies?

El sentido del tacto te lo hace saber.

Y también te dice que
en un día caluroso te
sienta muy bien nadar
en agua fresca.

El sentido del tacto te dice
si algo es

tan duro como una roca

o tan suave como la pluma de un pájaro,

áspero como un tronco,

tan liso como el vidrio,

tan mojado como un charco,

o tan seco como la arena.

El sentido del tacto a menudo te permite sentir varias cosas a la vez.

Este cubito de hielo es a la
vez duro, frío y mojado.

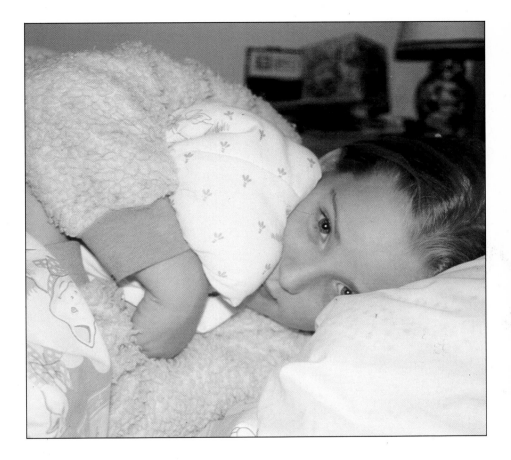

La manta es blanda,
tibia y seca.

Debes tener cuidado y no tocar cosas que podrían lastimarte, tales como un hornillo caliente o un cuchillo afilado.

¿Y no te parece que es más agradable al tacto acariciar un cachorro

28

que acariciar un puerco
espín?

Palabras que conoces

sentido del tacto

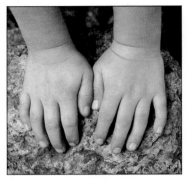

duro

blando

áspero

liso

30

mojado

seco

caliente

frío

31

Índice alfabético

Acerca del autor:

Allan Fowler es un escritor independiente, graduado en publicidad. Nació en New York, vive en Chicago y le encanta viajar.

Fotografías

Valan—©V. Wilkinson, 3, 8, 9, 10, 12, 20, 24, 25, 30 (arriba a la izquierda y abajo a la derecha), 31 (arriba a la derecha); ©Wouterloot-Gregoire, 4, 30 (abajo a la izquierda); ©Kennon Cooke, 7, 17, 31 (abajo a la izquierda); ©Jean Bruneau, 15, 21; ©Steve Krasemann, 18; ©J. Cancalosi, 19; ©Chris Malazdrewicz, 22; ©V. Whelan, 27; ©Murray O'Neill, 28; ©Don McPhee, 30 (arriba a la derecha); ©J.A. Wilkinson, 31 (arriba a la izquierda); ©Wayne Shields, 31 (abajo a la derecha).

Photo Edit—©Myrleen Ferguson, Tapa

TAPA: Pollitos recién nacidos